LE
DUC DE ROVIGO

JUGÉ PAR LUI-MÊME

ET PAR SES CONTEMPORAINS,

TÉMOINS OCULAIRES,

A L'OCCASION DE SON ÉCRIT

SUR LA CATASTROPHE

DU DUC D'ENGHIEN.

Par F... E... L.

Infandum.... jubes renovare dolorem.

Virg.

PARIS,

PLACE DE L'ODÉON, N° 3,

PONTHIEU, libraire, au Palais-Royal, Galeries de Bois, n° 252;
DELAUNAY, libraire, mêmes Galeries, n°s 243—244;
MONGIE, boulevart Poissonnière, n° 18;
AUDIN, libraire, quai des Augustins, n° 25.

NOVEMBRE 1823.

LE
DUC DE ROVIGO

JUGÉ

PAR LUI-MÊME.

Vingt ans s'étaient presque écoulés depuis le drame fatal qui consterna l'Europe et la France, lorsque tout-à-coup, et sans qu'on puisse d'abord saisir les motifs de cette résolution inopportune, M. Savary essaie de se justifier d'avoir pris part à un assassinat. Soudain l'opinion publique évoque tous les souvenirs; des témoins irrécusables se lèvent; les pièces du procès sont réimprimées, discutées; une foule d'écrits sont publiés. Quel est le résultat de tous ces documens divers? On peut l'assurer aujourd'hui; ce résultat est tout autre que ne l'avait espéré M. le duc de Rovigo, et l'opinion publique est loin de s'être prononcée en sa faveur.

Cette conclusion n'a rien d'exagéré, et tout ce que j'avancerai sera fondé sur l'analyse exacte des témoignages et des écrits récemment mis au jour; analyse qui nous paraît indispensable après la multitude des raisonnemens et des faits produits aux débats scandaleusement provoqués par M. Savary. Nous nous attacherons à suivre l'ordre des événemens racontés par M. de Rovigo; mais avant de faire entendre la voix de l'opinion et de la vérité, qu'il nous soit permis de présenter nous-mêmes sur l'écrit de M. le duc une réflexion générale, qui n'a point été faite, et que nous croyons toutefois très-fondée. M. de Rovigo dit quelque part avec solennité : *Ne nous écartons pas des principes* (pag. 42), et il pose lui-même cette maxime à la page 36 de son écrit : *Il ne peut y avoir que des hommes capables de les commettre eux-mêmes* (des actes odieux), *qui soient assez vils pour les imputer aux autres.* Après cette fastueuse déclaration de principe, qui croirait que l'écrit de M. Savary n'est d'un bout à l'autre qu'une odieuse diffamation de M. de Talleyrand? Il ne pense en effet pouvoir se justifier qu'en attaquant sans cesse et sans preuves le ministre des relations extérieures de Bonaparte.

Je me trompe, M. de Rovigo n'attaque pas toujours, il justifie quelquefois ; ainsi Napoléon a trouvé en lui un défenseur zélé : cette justification est-elle bien fondée? M. de Rovigo n'a-t-il pas été pour Napoléon un accusateur d'autant plus dangereux qu'il a été plus involontaire? C'est ce que nous aurons à examiner plus loin. Il nous suffira, quant à présent, de montrer que la défense de Napoléon n'est réellement, sous le masque de la générosité et de la reconnaissance, que la justification personnelle de M. Savary.

« Je lui avais, dit-il, dévoué mon existence en-
• tière en retour des bienfaits dont il m'avait com-
• blé ; et si ce petit écrit, *en purgeant une odieuse ca-*
• *lomnie déversée injustement sur moi,* peut effacer

» le nuage dont la malveillance, en propageant un
» mensonge, a obscurci sa gloire, ce ne sera qu'u-
» ne faible reconnaissance *de tout ce que je lui*
» *dois.* » (Pag. 7.)

Si l'on songe que Napoléon fournit à M. de Rovigo tous les passages d'où sa logique inquisitoriale
conclura plus tard la culpabilité de M. de Talleyrand, on comprendra qu'en effet M. de Rovigo ne
justifie Napoléon, que parce qu'il fait cause com-
mune avec lui pour incriminer le prince de Bénévent. Les fragmens du *Mémorial* et les autres
documens de Sainte-Hélène sont les véritables ti-
tres de Napoléon à la reconnaissance de M. de Rovigo; il fallait bien donner quelque moralité au témoin invoqué dans sa cause. Cette seule réflexion
nous parait ruiner le système de défense adopté
par M. de Rovigo. Oui, M. de Rovigo n'a été recon-
naissant que parce qu'il voulait être accusateur.

M. de Rovigo a-t-il conseillé l'enlèvement du
duc d'Enghien? Cette accusation n'avait jamais
pesé sur lui, et l'on est surpris de le voir s'en dé-
fendre avec tant d'insistance. Il met une telle affec-
tation à répéter : *j'étais absent depuis deux mois* au
moment du projet d'enlèvement du duc d'Enghien;
il invoque si souvent son *alibi*, que quelques personnes pourraient peut-être lui supposer le besoin de quelque justification à cet égard; toutefois
rien ne semble annoncer sa participation au dessein
du crime. Chargé, à cette époque, de deux mis-
sions, dont l'une avait pour objet *d'observer si de*

nouveaux débarquemens clandestins s'effectuaient encore depuis Abbeville jusqu'au Havre, et d'envoyer à Paris tout ce qui y avait pris part (pag. 23), M. de Rovigo a bien pu ne pas être initié au projet d'arrestation : on pourrait tout au plus lui demander si cette mission est du nombre de celles dont il dit, page 8 de son écrit : « Pendant » les dix-huit ans que je l'ai servi (Napoléon), je » n'ai reçu de lui *aucune commission dont je ne* » *puisse me trouver flatté.* »

Aucune preuve positive ne détruisant jusqu'à présent l'alibi de M. de Rovigo, son témoignage vaut pour lui-même. Mais qu'importe à la justification dont il a réellement besoin, la recherche des causes de l'enlèvement et du projet de *meurtre* (c'est l'expression habituelle de M. de Rovigo), ou plutôt d'assassinat du duc d'Enghien? M. Savary va incessamment en trahir le motif.

M. le duc de Rovigo commence par exposer l'état de la France à l'époque de la conspiration de Georges Cadoudal. Cette conspiration, dit-il, avait pour objet de renverser le premier consul. Dans quel intérêt le complot devait-il être exécuté? *quelle tête élevée devait venir recevoir la couronne le jour où le premier consul aurait perdu la vie?*

« Deux subordonnés de Georges déclarèrent » que, tous les dix ou douze jours, leur maître re- » cevait la visite d'un personnage dont ils ignoraient » le nom, mais qui devait être d'une haute im- » portance.

»Il paraissait âgé de trente-six ans; ses cheveux
» étaient blonds, son front dégarni, sa taille et sa
» corpulence moyennes, sa mise soignée; on lui
» témoignait beaucoup d'égards; et lorsqu'il en-
» trait dans l'appartement, tout le monde se levait
» et ne s'asseyait plus, même MM. de Polignac et
» de Rivière. Il s'enfermait habituellement avec
» Georges, et l'un et l'autre étaient toujours seuls....

»On fit l'appel des princes de la maison de
» Bourbon : ce n'était pas MONSIEUR, comte d'Ar-
» tois, son âge s'y opposait; ce n'était pas M. le duc
» de Berri; les gens de Georges le connaissaient
» personnellement, et ils affirmaient que ce n'était
» pas lui. On ne pouvait arrêter sa pensée sur
» M. le duc d'Angoulême; il était à Mittau, auprès
» du Roi. M. le duc de Bourbon était à Londres,
» et son signalement ne pouvait s'accorder avec
» celui du personnage inconnu. On s'arrêta donc à
» M. le duc d'Enghien. » (*Sur la catastrophe,* etc.,
pag. 11-13.)

On voit assez que l'extrait des Mémoires du
duc de Rovigo a tout l'intérêt d'un roman. Il nous
apprendra, après l'exécution du duc d'Enghien,
que le personnage mystérieux dont il s'agissait,
était Pichegru. Il est facile, sur tous ces détails,
de convaincre M. de Rovigo d'ignorance, pour ne
rien dire de plus.

Et d'abord il est faux que les deux subordonnés
de Georges aient donné le signalement du duc
d'Enghien : chose remarquable! on avait si peu

ce signalement au moment de l'arrestation de ce prince, que son historien, racontant les circonstances de son enlèvement à Ettenheim, prête au prince les paroles suivantes, d'après les témoins mêmes de la scène. Sur l'interpellation faite par les gendarmes aux diverses personnes qui entouraient le prince : Qui de vous est le duc d'Enghien? le duc répond : « Si vous venez pour arrêter le prince, » vous devez avoir son signalement; cherchez-le. » Ceux-ci, ajoute l'auteur, croyant parler à un des » gens de monseigneur, lui répondent : Si nous » l'avions, nous ne le demanderions pas ; mais » puisque vous ne voulez pas le désigner, marchez » tous. » (1)

En supposant qu'on eût le signalement du duc d'Enghien, « Comment se fait-il, dit avec raison M. Gautier (du Var), que les misérables qui ont fait ces prétendues révélations, se soient mépris au point de pouvoir établir quelque air de ressemblance entre monseigneur le duc d'Enghien et Pichegru? Le premier n'avait que trente et un ans, le second en avait environ cinquante ; le premier était mince et d'une complexion délicate, le second avait un air mâle et une constitution robuste. La

____

(1) *Mémoires sur la vie et la mort du duc d'Enghien,* par M. André Boudard de l'Hérault. Ce fut le bourgmestre d'Ettenheim qui, amené sur les bords du Rhin par l'ordre du général Ordéner, reconnut le prince parmi les personnes arrêtées avec lui; le duc fut la troisième personne qu'il désigna (pag. 153, 154).

couleur des cheveux n'était pas la même; rien ne pouvait faire prendre l'un pour l'autre. » (1)

Mais pourquoi faut-il encore que des pièces justificatives viennent convaincre M. de Rovigo d'une erreur qu'il est bien difficile de ne pas croire volontaire? Les interrogatoires des accusés dont il parle, existent, et font foi que Pichegru, dans diverses confrontations, toutes antérieures à l'enlèvement du duc d'Enghien, a été positivement reconnu par les accusés Louis Picot et Léridant. (2)

« Le duc d'Enghien s'était retiré dans les états de » Bade, près du Rhin, continue le duc de Rovigo : » il est bon de faire observer qu'à cette époque » les ramifications de la police ne s'étendaient pas » au-delà des frontières ; c'était uniquement par le » ministère des relations extérieures que le gouver- » nement recevait toutes les informations qui lui » venaient du dehors. » (P. 14.)

Le but de cette perfide insinuation est facile à sentir, et l'on ne peut douter maintenant du véritable motif pour lequel M. de Rovigo s'appesantit si complaisamment sur les causes et circonstances de l'enlèvement du duc d'Enghien. Il est malheu-

---

(1) *Conduite de Bonaparte relativement à l'assassinat du duc d'Enghien,* pag. 11. — Paris, Ponthieu.

(2) *Voyez* les pièces justificatives imprimées à la suite de l'ouvrage de M. André Boudard, et la brochure de M. Maquart, pag. 13 et suiv. — Paris, Audin, Ponthieu et Delaunay.

reux pour lui que son récit ne soit pas à l'abri de
toute contradiction. Il nous apprend plus loin
(pag. 15) que le duc d'Enghien venait toutes les
semaines au spectacle à Strasbourg (1). L'intervention du ministre des affaires étrangères n'était
pas nécessaire, apparemment, pour constater ce
fait, qui, selon M. Savary, fut au nombre des circonstances propres à incriminer les démarches du
prince. Était-il possible que le préfet de Strasbourg
ignorât ce fait? et s'il l'a pu savoir, puisqu'on le
savait à Strasbourg, d'après l'aveu de M. de Rovigo
lui-même, le premier consul pouvait-il ignorer la

____

(1) M. le duc de Rovigo prétend tenir ce fait d'une personne attachée au prince à l'époque de son enlèvement. Il
est positivement démenti sur ce point par M. le baron de
Saint-Jacques, dans une lettre insérée dans l'ouvrage de
M. Boudard. Nous croyons devoir transcrire en partie cette
pièce importante. M. le baron de Saint-Jacques s'exprime
en ces termes :

«J'affirme que, pendant le séjour du prince à Ettenheim,
le voisinage des frontières de France ne le tenta nullement.
Dans ses promenades sur le Rhin, il portait la prudence jusqu'à ne pas approcher du grand Rhin, limite des deux États.
« Je veux, disait-il, pouvoir, en cas d'événement, affirmer
» sur mon honneur que je n'ai jamais été en France. »

»Je ne quittai le prince qu'une seule fois : ce fut pour aller
aux eaux de Petersthal, où je restai un mois. Durant cette
courte absence, S. A. S. me fit l'honneur de m'écrire qu'elle
venait de recevoir une lettre du prince de Condé, son aïeul :
« Il croit, me dit-elle, d'après les bruits qui ont couru, que
» j'ai été incognito à Paris, ou du moins à Strasbourg. Vous

résidence du duc d'Enghien à peu de distance des frontières de France?

Le duc d'Enghien étant devenu suspect, M. Réal, *conseiller d'état spécialement chargé de l'instruction et de la suite de toutes les affaires relatives à la tranquillité et la sûreté intérieure de la république*, est chargé de s'entendre avec le lieutenant-général de la gendarmerie. Un émissaire se rend à Ettenheim; c'était un officier de gendarmerie. Il adresse un rapport à son chef sur les démarches du duc d'Enghien; ce rapport est communiqué directement au premier consul. Écoutons M. de Rovigo:

»jugez qu'il n'en est pas charmé. Voyez combien il me juge »mal et connaît peu ma façon de penser, etc. »

»Mgr le duc d'Enghien écrivit au prince de Condé lui-même à cet égard. Voici un passage de cette lettre, où respire toute la noblesse de son illustre sang :

« Assurément, cher papa, il faut me connaître bien peu »pour avoir pu dire ou chercher à faire croire que j'aurais pu »mettre le pied sur le territoire républicain autrement qu'a-»vec le rang et à la place où le hasard m'a fait naître. Je suis »trop fier pour courber lâchement ma tête : le premier consul »pourra, peut-être, venir à bout de me détruire, mais il ne »me fera pas m'humilier. Je puis donc vous donner ma pa-»role d'honneur la plus sacrée que pareille idée ne m'est »jamais entrée et ne m'entrera jamais dans la tête. »

»Je pourrais multiplier de pareilles preuves, mais cette ci-»tation suffit pour démontrer que nulle personne bien informée »n'a pu assurer à M. le duc de Rovigo que Mgr le duc d'En-»ghien était venu en France. » (Pag. 268.)

« M. Réal arrive à la Malmaison; on lui demande
» comment il est possible que la police ne sache
» pas un mot de ce qui se passe à Ettenheim. —
» J'attends, dit M. Réal, le retour d'un officier de
» gendarmerie qui a été envoyé sur les lieux, et
» chargé de me faire un rapport. — Ce rapport, le
» voici, réplique le premier consul : c'est par lui et
» par le préfet de Strasbourg (alors M. Shée, oncle
» du duc de Feltre) que je viens de savoir tout ce
» qui concerne le duc d'Enghien; mais cela ne du-
» rera pas; j'ai donné ordre de l'enlever avec tous
» ses papiers : ceci passe la plaisanterie. Il serait
» par trop absurde qu'on vînt d'Ettenheim orga-
» niser un assassinat contre moi, et qu'on se crût
» en sûreté parce qu'on est sur une terre étran-
» gère. » (Pag. 18.)

Ici, ce nous semble, M. de Rovigo oublie un
moment le rôle de défenseur de Napoléon, dont il
s'était chargé. Les paroles qu'il prête au premier
consul, nous paraissent malheureusement un peu
concluantes contre le bienfaiteur qu'il veut justifier. *Cela ne durera pas, j'ai donné ordre de
l'enlever avec tous ses papiers;* voilà un langage
qui présage bien clairement le funeste avenir du
duc d'Enghien. Napoléon est convaincu qu'on or-
ganise un assassinat contre lui, et la violation du
territoire étranger, de l'hospitalité politique, est à
l'instant résolue! Il faudra bien de la reconnaissance à M. de Rovigo, c'est-à-dire, bien des ac-
cusations pour faire disparaître le préjugé que font

naître contre Napoléon ces paroles menaçantes.
« Il nous est démontré, dit avec raison M. Méhée
de la Touche, que la victime était condamnée du
moment où l'on a osé ordonner son arrestation. Le
crime de l'assassinat, plus odieux sans doute pour
la France, était pour l'Europe, un crime moins
grand et moins effrayant que celui de l'extradition
forcée d'un homme protégé par toutes les lois po-
litiques et morales des sociétés. Il était résolu à
consommer la catastrophe, celui qui s'était décidé
à la première entreprise !..... » (1)

En vain M. de Rovigo nous parlera-t-il des *con-
seillers officieux*, sous l'influence desquels Napoléon aurait agi ; c'est alors qu'il faut s'écrier avec
M. Achille Roche : *Ne savait-il donc pas distinguer le crime de la vertu ? et parce qu'il a écouté
un conseiller du crime, pouvons-nous le trouver
moins coupable* (2) *?*

M. de Rovigo raconte ensuite comment, selon
lui, l'ordre d'arrestation du duc d'Enghien aurait
été donné et exécuté. Sa mission en Normandie est
terminée ; et par une fatalité sans exemple, M. de
Rovigo va en remplir une dont la postérité ne
pourrait trop garder le souvenir.

---

(1) *Extrait des Mémoires inédits sur la Révolution française,*
pag. 19. — Paris, Plancher.

(2) *De MM. le duc de Rovigo et le prince de Talleyrand,* par
M. Achille Roche. — Paris, Plancher.

« Jusque-là, continue M. le duc, j'étais resté
» étranger à tout ce qui venait d'avoir lieu, lors-
» qu'étant de service à la Malmaison, je fus, à cinq
» heures du soir (1), appelé dans le cabinet du pre-
» mier consul, qui me remit une lettre cachetée,
» avec ordre de la porter au général Murat, gou-
» verneur de Paris.

» Je partis à cheval : j'arrivai chez lui vers les six
» heures du soir, et me croisai sous la porte avec
» le ministre des relations extérieures, qui en sor-
» tait.

» Comme je l'avais vu le matin à la Malmaison,
» et que je savais le général Murat malade au point
» de garder son appartement, je ne m'arrêtai pas à
» la réflexion que cette heure n'était pas l'heure or-
» dinaire du ministre, et je mis cette visite sur le
» compte de la maladie.

» Le général prend la lettre, la lit, et me dit
» qu'on me fera part incessamment des ordres qui
» me concernent dans ceux que je viens de lui re-
» mettre.

» Je déclare ici dans toute la sincérité de mon
» cœur, et sous la garantie de l'honneur militaire,
» que j'ignorais entièrement qu'il fût question de
» M. le duc d'Enghien, que je n'avais nullement
» connaissance de son enlèvement au-delà du Rhin,
» ni de son arrivée à Paris; on ne m'en avait pas dit

---

(2) Le 20 mars 1804.

» un mot à la Malmaison, si ce n'est vaguement,
» au moment de mon départ, et, je crois, parce que
» la dépêche télégraphique qui annonçait son dé-
» part de Strasbourg venait d'arriver, et que l'on en
» chuchotait dans le salon de service. J'étais, en
» partant du château, dans la ferme persuasion que
» je devais y retourner après avoir rempli ma mis-
» sion. Le mot seul du général Murat me porta vers
» d'autres pensées.

» Je reçois l'ordre de prendre sous mon com-
» mandement une brigade d'infanterie qui occu-
» pait les extrémités du faubourg Saint-Antoine, et
» qui devait se réunir à Vincennes à dix heures du
» soir. »

«....Vers huit heures du soir, je me rends moi-
» même sur les lieux..... »

M. Maquart, auteur d'une réfutation de l'écrit
de M. le duc de Rovigo, fait sur les passages pré-
cités de cet écrit, une observation tout-à-fait digne
de remarque (1) : « M. de Rovigo fut, dit-il, appelé
dans le cabinet du premier consul à cinq heures;
mais une heure auparavant (à quatre heures), le
duc d'Enghien était déjà arrivé sous les murs de
Paris, et le premier consul le savait sans doute. Si
l'on chuchotait dans le salon de service au départ
de M. de Rovigo, c'était probablement sur cette
nouvelle. Car de penser qu'on s'occupât alors de la
dépêche télégraphique, cela serait absurde. Le duc

---

(1) Page 18—19. — Paris, Delaunay.

d'Enghien avait quitté Strasbourg le 18 mars au matin ; la dépêche télégraphique qui annonçait son départ de cette ville, avait dû arriver le même jour 18 mars, et c'était une nouvelle devenue bien ancienne le 20 mars à cinq heures du soir. » Il serait, comme on le voit, assez difficile, d'après cette observation, de supposer à M. de Rovigo la profonde ignorance qu'il allègue, si ses protestations et l'absence de preuves contraires, ne commandaient à cet égard quelque circonspection. Quoi qu'il en soit, M. le colonel de la gendarmerie d'élite est à Vincennes, et y apprend l'arrivée du duc d'Enghien ; il voit arriver les membres de la commission militaire, nommés par un arrêté du même jour. Toutes ces circonstances excitent sa *curiosité*.

La commission s'assemble. *Les portes de la salle restent ouvertes et libres pour tous ceux qui pouvaient s'y rendre à cette heure* (pag. 29 et 30). Sans chercher à examiner ici quelles personnes pouvaient *à cette heure* se rendre au château de Vincennes, opposons à M. de Rovigo un témoignage intéressant.. « *Que voulez-vous ?* répondait M. Harel, commandant de Vincennes, questionné par M. le comte Hulin, *je ne suis plus rien ici ; tout se fait sans mes ordres et sans ma participation. C'est un autre qui commande ici.* »

« En effet, poursuit M. Hulin, la gendarmerie d'élite remplissait le château ; elle en avait occupé toutes les portes, et les gardait avec tant de sévérité, qu'un des membres de la commission resta

plus d'une demi-heure sous le guichet, sans pouvoir se faire reconnaître.

»Un autre, ayant reçu l'ordre de se rendre de
suite à Vincennes, sans autre explication, s'ima-
gina qu'on l'y envoyait pour tenir prison. » (1)

On voit qu'il est assez difficile aussi d'induire
de ce témoignage la moindre possibilité de pu-
blicité, alors que la nature même des choses et
des circonstances ne la rendrait point déjà invraisemblable.

Cependant M. le duc de Rovigo affirme qu'il y
avait assez de monde pour qu'il lui ait été difficile,
étant arrivé des derniers, de pénétrer derrière le
siége du président. Telle est, en effet, la place que,
suivant M. Hulin, M. le duc de Rovigo aurait oc-
cupée, avec un rôle moins passif toutefois que
celui que s'est attribué M. le colonel de la gendarmerie d'élite.

Le duc de Rovigo assiste aux débats; il y prête
une scrupuleuse attention. Il cite même une ré-
ponse du duc d'Enghien, qu'il a, dit-il, exacte-
ment retenue. On a peine à s'expliquer, en la li-
sant, qu'elle ait, comme il le dit, décidé du sort de
M. le duc d'Enghien. La voici : « J'avais demandé
à l'Angleterre du service dans les armées, et elle
m'avait fait répondre qu'elle ne pouvait m'en
donner, mais que j'eusse à rester sur le Rhin, où

---

(1) *Explications de M. le comte Hulin,* pag. 4. — Paris;
Baudouin frères.

2

j'aurais incessamment un rôle *à jouer,* et *j'at-
tendais.* Monsieur, je n'ai plus rien à vous dire. »
(Pag. 32.)

*La commission se croyant suffisamment éclairée,
ferma la discussion,* et le prince fut condamné.

« L'officier qui commandait l'infanterie de ma lé-
» gion, continue alors M. de Rovigo, page 34, vint
» me dire, avec une émotion profonde, qu'on lui de-
» mandait un piquet pour exécuter la sentence de la
» commission militaire. Donnez-le, répondis-je. —
» Mais où dois-je le placer?—Là où vous ne pour-
» rez blesser personne (car déjà les habitans des po-
» puleux environs de Paris étaient sur les routes
» pour se rendre aux divers marchés.) » Puis, en
note, il croit se souvenir que l'officier dont il parle
est un M. Delga, tué à Wagram. La sentence fut
exécutée dans le fossé.

« M. de Rovigo a obéi..... dit sur ce passage M.
Achille Roche, page 34 de son récit..... A qui a-t-
il obéi? Qui lui a transmis l'ordre de l'exécution?
Il paraît que c'est un M. Delga, tué à Wagram.
Mais que ce soit ou ne soit pas ce M. Delga, il
est très-utile à M. de Rovigo de ne se rappeler que
lui. M. Delga est mort, son témoignage sera toujours en faveur de celui qui le fera parler, et si
M. Savary se trompe en nous nommant M. Delga,
on ne réclamera pas sans doute aujourd'hui la
gloire qu'il attribue à cet officier. De tout côté
même tranquillité pour M. de Rovigo. Lui, général, sur une simple invitation d'un officier, il a

obéi ; il a obéi sans demander à lire la sentence ; il a obéi sans savoir si la sentence ordonnait une si prompte exécution ; il a obéi sans savoir si le premier consul voulait faire grâce. *On demandait* un piquet à M. Delga : que veut dire *on*, dans cette phrase ? M. Delga pourrait peut-être nous l'apprendre : M. Delga est mort. Ainsi, on accuse M. de Rovigo d'avoir hâté cette exécution ; ce n'est pas lui, répond-il : un homme qui est mort lui a dit qu'*on* avait donné des ordres pour la hâter. Que M. de Rovigo explique ce mot *on*. S'il ne peut l'expliquer, s'il ne peut désigner formellement celui à qui appartient cette part du crime, elle lui reste. »

M. de Rovigo croit ensuite devoir répondre à plusieurs imputations, dont la réalité aggraverait d'une manière odieuse le fait de son active participation à l'exécution du duc d'Enghien.

« On m'a accusé, dit-il, d'avoir attaché une lanterne sur la poitrine du duc d'Enghien. » Il dément le fait. « A six heures, au 21 mars, fallait-il une lanterne pour voir un homme à dix pas, quoiqu'un brouillard humide retardât l'apparition du soleil ? »

Et d'abord, est-il bien constant, comme l'assure M. le duc de Rovigo, que l'exécution n'ait eu lieu qu'à six heures du matin ? Le procès-verbal d'exhumation du duc d'Enghien, inséré dans le *Moniteur* du 30 mars 1816, constate qu'une enquête a eu lieu le 18 mars 1816. Il résulte de l'enquête, que le duc d'Enghien a été fusillé DANS LA NUIT, immédiatement après le jugement. La dame Boy, entendue dans cette enquête, a déclaré qu'on lui apprit que le duc d'Enghien avait été *fusillé dans la nuit,* et enterré sur-le-champ dans le fossé (1).

Quant au fait de la lanterne attachée sur la poitrine du prince, nous ne croyons pas, malgré l'importante question émise par le défenseur du duc de Rovigo, en 1819, le célèbre Dupin (2), qu'il puisse être considéré comme suffisamment établi. « L'enquête atteste qu'il y avait une lumière dans » le fossé, celle d'une lanterne éclairée de plusieurs » chandelles, et placée à quelque distance. »

« Du reste, continue M. Laporte Lalanne, dont nous empruntons ici le témoignage, il n'y a point de trace, dans les dépositions des témoins, de l'horrible fait d'une lanterne attachée à la poitrine. Le témoin qui aurait pu en déposer a déclaré que, placé à cinquante pas de distance, il n'a pu distinguer précisément ce qui se passait. Si ce fait a eu lieu, il est constant qu'il ne pourrait être imputé à M. de Rovigo, qui a présidé à l'action *du haut du parapet sur le bord du fossé.*

» Mais ce qui est dit en termes positifs, c'est que

---

(1) *Voyez* les pièces justificatives mises à la suite de l'ouvrage précité de M. Boudard.

(2) *Pièces historiques,* etc., précédées de la *Discussion des actes de la commission militaire,* pag. 31 et 32. — Paris, Baudouin frères.

le général Savary, qui avait donné l'ordre à la caserne de l'Arsenal d'envoyer un détachement de la gendarmerie d'élite, et qui en avait placé les différens postes, tant de surveillance auprès du prince que dans le fossé, s'est *tenu en haut sur le bord extérieur du fossé, et que de là il a été entendu, à deux ou trois reprises, ordonnant à l'adjudant chef de du détachement de commander le feu* (1). »

Ces derniers mots nous paraissent suffisamment répondre à M. de Rovigo, quand il s'écrie, page 37: « Étais-je ailleurs qu'en tête des troupes, sur l'espla- » nade ?..... »

Le prince a-t-il été enterré dans une fosse préparée d'avance ? Malgré la dénégation de M. de Rovigo, cette circonstance n'est point douteuse. L'enquête l'a positivement constatée (2). Enfin M. le duc de Rovigo se justifie de l'imputation d'avoir enlevé la montre du prince. Si M. de Rovigo a jugé nécessaire de se justifier sur ce point, il ne l'était certainement point qu'il avançât un fait faux. Or, il est faux, et le procès-verbal d'exhumation en fait foi, que des fragmens de montre aient été retrouvés en 1816, ainsi que le prétend M. de Rovigo.

M. de Rovigo, qui, dans cette circonstance, ne

---

(1) *Mémoires sur la vie et la mort du duc d'Enghien*, par M. Boudard de l'Hérault, pag. 265. (*Voyez* précédemment.)

(2) *Voyez* les pièces justificatives imprimées à la suite des mémoires de M. Boudard de l'Hérault.

peut établir un alibi, passe des faits aux doctrines. Il développe la pensée qu'il avait annoncée au commencement de son écrit, et cherche *à démontrer que la part qu'il a prise à cet événement n'était que la conséquence du devoir militaire qu'il remplissait.* (Pag. 1.)

Il en appelle aux militaires de tous les pays; il a dû obéir. « Ce piquet (de gendarmerie d'élite) » a-t-il agi sans en être requis? La sentence n'a- » vait-elle pas été rendue par un tribunal? Etait-ce » à moi qu'il appartenait d'examiner l'incompé- » tence du tribunal et la validité de la sentence? »

« Ce n'était pas à vous, sans doute, répond avec beaucoup de raison M. Achille Roche, à examiner la compétence du tribunal, quant au fond ; mais avant d'exécuter son arrêt, vous deviez au moins vous informer de sa légalité, des formes suivies par lui et de sa manière de procéder; vous voulez en vain confondre la légalité du tribunal ou lui-même et sa compétence relativement aux accusés; si vous n'étiez pas juge de la compétence, vous l'étiez nécessairement de la légalité. Vous deviez vous en enquérir. Si vous l'aviez fait, il ne vous eût pas été difficile de reconnaître qu'il n'y avait pas à Vincennes de tribunal légal.

» D'ailleurs, en admettant même la compétence du tribunal, vous deviez, comme nous l'avons démontré, attendre une réquisition légale avant d'exécuter son arrêt; l'avez-vous fait? Sur la seule assertion d'un de vos inférieurs, vous avez fait fusiller un homme sans savoir s'il y avait un arrêt légal contre lui, si quelques formes avaient été observées pour la rédaction de cet arrêt. »

Ces raisonnemens nous paraissent sans réplique; mais il en est un qui, fondé sur les faits, nous paraît encore plus concluant contre M. de Rovigo. Nous laisserons parler M. le comte Hulin lui-même : « J'observerai, dit-il, que l'estimable auteur *de la Discussion des actes de la commission militaire*, imprimée chez Baudouin frères, a ignoré un fait qui n'était pas écrit dans les pièces.

» Le dossier qui lui a été communiqué, et qui n'a pu l'être que par celui que j'avais rendu, en 1815, dépositaire de mes papiers, était mon dossier particulier, et non le dossier officiel du gouvernement, qui devrait se trouver dans les archives de la guerre ou de la police, avec le rapport du conseiller-d'état Réal et les autres documens, s'ils n'ont pas été soustraits.

» Plusieurs rédactions furent essayées, entre autres celle qui a été publiée comme pièce du procès; mais après qu'elle eut été signée, elle ne nous parut pas régulière, et nous fîmes procéder à une nouvelle rédaction par le greffier, basée principalement sur le rapport du conseiller-d'état Réal et les réponses du prince.

» Cette seconde rédaction, qui constituait la *vraie minute*, aurait dû rester seule; l'autre aurait dû être anéantie sur-le-champ : si elle ne l'a pas été, c'est un oubli de ma part. Voilà l'exacte vérité.

»Au surplus, il ne peut, en aucun cas, en résulter aucun reproche contre nous; et nous admettons volontiers à ce sujet le dilemme proposé par le *Journal des Débats*. C'est que, de toute manière, il ne pouvait pas être procédé de suite à l'exécution du jugement. On ne pouvait pas y procéder sur la première minute, car elle était incomplète, quoique signée de nous; elle contenait des blancs non remplis, et n'était pas signée du greffier. Ainsi le rapporteur et l'officier chargé de l'exécution n'auraient pu, sans prévarication, voir là un véritable jugement. Et quant à la seconde rédaction, la seule vraie, comme elle ne portait pas l'ordre *d'exécuter* de suite, mais seulement de *lire* de suite le jugement au condamné, l'exécution de suite ne serait pas le fait de la commission, mais seulement de ceux qui auraient pris sur leur responsabilité propre de brusquer cette fatale exécution.....

»Cette exécution, ajoute positivement M. le comte Hulin, ne fut point autorisée par nous : notre jugement portait qu'il en serait envoyé une expédition au ministre de la guerre, au grand-juge, ministre de la justice, et au général en chef, gouverneur de Paris.

»*L'ordre d'exécution ne pouvait être régulièrement donné que par ce dernier.......* » (1)

Après le témoignage de M. le comte Hulin, que

---

(1) *Explications*, etc., p. 10, 11 et 14.—Paris, Baudouin.

penser de la maxime singulière avancée par M. le duc de Rovigo, que *la responsabilité n'atteint jamais celui qui exécute, mais celui qui ordonne?* (pag. 41). La doctrine et l'exemple de M. de Rovigo, disons-le hautement, loin de prouver que l'obéissance passive soit un dogme à la fois absolu et sacré, nous paraissent démontrer, au contraire, combien ce prétendu principe peut devenir absurde et barbare.

Mais revenons au récit de M. le duc de Rovigo. Après l'exécution du jugement, il retourne à Paris. « J'approchais de la barrière, dit-il, lorsque je rencontrai M. Réal, qui se rendait à Vincennes, en costume de conseiller-d'état, pour interroger le duc d'Enghien. » (Pag. 42). M. Méhée de la Touche (1) dément positivement M. de Rovigo sur cette circonstance. « Je déclare, dit M. Méhée, qu'il n'est pas vrai que M. de Rovigo ait rencontré, le jour de l'assassinat, en habit de conseiller-d'état, M. Réal, qui avait, dit-il, ordre de N....... d'aller interroger le duc d'Enghien.

» Cette journée était assez remarquable pour être restée dans la mémoire de beaucoup de personnes qui sont, je n'en doute pas, à même d'attester le même fait. Je défierais M. Réal de nier, qu'ayant reçu de lui, de la part du premier consul, l'ordre de me rendre le matin dans son bureau, pour des affaires qui seront éclaircies dans une autre occa-

---

(1) *Extraits des mémoires sur la Révolution,* pag. 12.

sion, je n'aie été le prendre dans sa maison, et qu'après avoir assisté à sa toilette, où il n'y avait rien du costume de conseiller, nous ne nous soyons rendus ensemble dans ses bureaux, rue des Saints-Pères, où je passai plusieurs heures à écrire des détails que Napoléon lui avait ordonné de me demander. Je soutiendrai à quiconque voudrait donner le change à l'opinion, qu'à deux heures après midi, M. Réal n'était pas sorti, et qu'il n'a pas pu avoir d'entretien avec M. de Rovigo sur la route de Vincennes, où il n'avait pas besoin d'aller pour savoir ce qui se passait, et où il n'y avait plus d'interrogatoire à faire.

« Cette circonstance, évidemment imaginée pour la cause, pourrait être détruite par le témoignage de vingt commis, dont quelques-uns du moins se la rappelleront. »

Le témoignage de M. Méhée est, comme on le voit, bien circonstancié. Mais quel est le résultat de la prétendue entrevue de M. Réal et de M. de Rovigo? Celui-ci ne nous l'apprend pas ; à l'entendre même, ils se seraient séparés sur-le-champ, l'un, M. de Rovigo, pour aller à la Malmaison, l'autre pour retourner à Paris. Et cependant, objecte avec raison M. Maquart, la route de Vincennes à la Malmaison traversant la capitale, M. de Rovigo et M. Réal ont dû faire route ensemble. Cette objection, jointe au témoignage de M. Méhée, ne rend-elle pas tout-à-fait invraisemblable la singulière rencontre de M. Réal, venant à sept

heures du matin, e˃   ˂ter un ordre reçu la veille
à onze heures du ˂

M. de Rovigo se rend auprès du premier consul.
Le premier consul est étonné : « Il y a là quelque
» chose que je ne comprends pas, dit Napoléon. »
Et à l'aide de quelques autres paroles prêtées à
Napoléon, M. de Rovigo fait déjà pressentir un
retour au système de récrimination annoncé dans
les premières pages de sa brochure.

Mais avant de l'aborder, il nous explique comment étant ministre de la police en 1810, il a appris
de M. Réal (car M. Réal étant absent, lui est un
témoin commode et d'une grande ressource), le
mot de l'énigme, c'est-à-dire, comment le duc
d'Enghien est mort victime de la méprise dont
nous avons parlé (1). Il fait parler M. Réal comme
un homme désabusé d'une erreur dans laquelle
il avait été jusqu'alors plongé, lui, M. Réal, qui,
comme le constatent les pièces justificatives déjà
citées, avait spécialement suivi l'affaire de Georges
Cadoudal, et avait fait subir lui-même des interrogatoires aux individus prévenus de conspiration
dans cette affaire. « M. Réal, dit M. de Rovigo, en
» apprenant ces particularités, fut frappé de stu-
» peur ; il courut chez le premier consul pour lui
» en faire part ; il devint rêveur ; et après quelques
» momens de silence, il s'écria : *Ah ! malheureux*
» *T...., que m'as-tu fait faire !* » *Mais il était trop*

---

(2) Voyez ci-devant, pag. 5.

tard, *le duc d'Enghien était mort victime de cette funeste méprise.* Il était trop tard ! et cependant, nous l'avons dit, le général Pichegru avait été positivement reconnu *avant* le jugement du duc d'Enghien.

Mais qu'importe à M. le duc de Rovigo ? le sort en est jeté ; il va réaliser le plan de la calomnie dont nous avons plus d'une fois découvert les trames perfides ; et d'abord pour fortifier ce qu'il a avancé qu'une main invisible avait pressé l'exécution du duc d'Enghien, il dément le fait avéré des sollicitations de l'impératrice Joséphine, en faveur du malheureux prince. Selon lui, l'intervention de Joséphine n'a pas eu lieu. Il est positivement démenti sur ce point, par l'auteur de la brochure intitulée : *Un Français sur l'extrait des Mémoires de M. Savary, relatifs à M. le duc d'Enghien* (1).

« Il faut assurer à M. le duc, dit M. M. D., que madame Bonaparte n'a rien épargné pour fléchir son époux ; qu'un homme libre et indépendant, qui a toujours eu sa pensée à lui, qui n'a jamais varié dans ses principes, dont l'honneur a toujours été le guide, qui est encore aujourd'hui le plus parfait modèle de toutes les vertus, qu'un homme qui n'a jamais su tromper ni feindre, a entendu de la bouche même de l'impératrice Joséphine, *qu'elle avait inutilement tout tenté pour sauver la vie à M. le duc d'Enghien ;* ce qui s'accorde facile-

---

(1) Paris, Ponthieu, Mongie, Fayolle.

ment avec la bonté connue du cœur de la prin-
cesse, comme le dit M. le duc, et l'on pourrait
ajouter, avec l'inflexible rigueur du despotisme de
son époux. » (Pag. 45.)

« Qui pouvait diriger ses vues du côté du Rhin ?
» poursuit M. le duc de Rovigo; le ministre chargé
» des informations au-dehors, celui des relations
» extérieures. (Page 49.) » Puis après ce trait en-
venimé lancé contre M. de Talleyrand, il justifie le
premier consul, préparant ainsi ce qu'il appelle la
réfutation des calomnies dirigées contre lui.

Parmi divers passages, tant du *Mémorial de
Sainte-Hélène* que des ouvrages de MM. O'Méara
et Warden, nous remarquons celui-ci : « Je de-
» mandai, dit M. O'Méara cité par M. Savary, s'il
» était vrai que T.... eût gardé une lettre écrite par
» le duc d'Enghien, et qu'il ne l'eût remise que
» deux jours après son exécution. — C'est vrai, ré-
» pondit Napoléon : le duc avait écrit une lettre
» dans laquelle il m'offrait ses services, et me de-
» mandait le commandement d'une armée ; et ce
» scélérat de T.... ne m'en donna connaissance que
» deux jours après que le prince eut été mis à
» mort. » (Tome 1er, page 321.)

Et voilà ce que M. de Rovigo appelle des preuves ! Peut-on supposer une fable plus absurde ! Il
est constant d'abord que le prince n'a point écrit
à Napoléon. M. le baron de Saint-Jacques répond
ainsi à cette calomnie dirigée contre la mémoire
du prince :

« Quant à la lettre que M. le duc de Rovigo prétend avoir été écrite à Bonaparte par le prince, durant sa détention à Strasbourg, ce que je viens de rapporter de ce prince repousse assez l'idée d'une pareille faiblesse. J'ajouterai que je n'ai pas quitté un seul moment Mgr. le duc d'Enghien dans la citadelle de Strasbourg, et qu'il n'a point écrit ni à Bonaparte, ni à qui que ce soit. » (1)

« Serait-il vraisemblable, dit d'ailleurs M. Achille Roche, d'une part, que le prince, dont la défense a, comme nous l'avons vu, été très-courageuse, ait eu assez peu de courage en même temps pour demander du service à l'ennemi de sa famille?

» Est-il possible, en second lieu, que M. de Talleyrand, après avoir gardé une lettre de cette importance, l'ait remise au premier consul lorsqu'elle n'avait plus d'objet? Ne serait-il pas plus naturel de supposer que, dans une telle circonstance, il l'eût gardée tout-à-fait pour ne pas faire connaître son crime? » (Pag. 62)

Après cette imputation, dirigée à la fois contre le duc d'Enghien et contre M. de Talleyrand, M. le duc de Rovigo croit mettre le comble à sa démonstration, en opposant à ce dernier une prétendue circulaire par lui écrite au ministre de l'électeur de Bade, et insérée dans le *Courier* de Leyde. Mais que prouve cette pièce, en la supposant authentique? établit-elle que M. de Talley-

----

(1) Ouvrage de M. Boudard de l'Hérault, pag. 270.

rand ait conçu le projet de l'attentat? Non, elle est postérieure à l'enlèvement. Établit-elle que l'exécution ait été hâtée par l'influence du prince de Bénévent? pas davantage. Ce n'est pas dans une pièce publique et officielle qu'il est possible de puiser la preuve d'une préméditation qui ne pouvait avoir lieu à la face de l'Europe. Que faut-il donc voir dans cette lettre, qui sert de texte aux insidieux commentaires du ministre de la police impériale? Rien autre chose qu'un acte souscrit par un ministre dont la responsabilité n'a certainement pas été librement engagée. M. de Rovigo saurait mieux qu'un autre nous apprendre jusqu'à quel point, devenu ministre sous Bonaparte, il était facile de se soustraire à la doctrine de l'obéissance passive. M. de Talleyrand pourrait avoir signé, comme ministre de Bonaparte, ce que Bonaparte avait conçu et ordonné ; mais du moins, comme homme, il aurait à invoquer un moyen de justification dont M. de Rovigo ne pourrait également se prévaloir. Il est aujourd'hui de notoriété publique, qu'avant l'enlèvement du prince, le ministre des affaires étrangères avait écrit et fait dire, à plusieurs reprises, à ceux des émigrés les plus influens, d'avertir le prince de s'éloigner du grand-duché de Bade, ainsi que le prouvent ses correspondances particulières avec ces mêmes émigrés.

Nous croyons avoir examiné un assez grand nombre de faits dans la brochure de M. de Rovigo, pour qu'on puisse, sur la foi des écrits que nous nous sommes particulièrement attachés à résumer, apprécier la démarche qu'il a imprudemment tentée; sa conduite a été unanimement réprouvée; sa justification a tourné contre lui-même : des faits controuvés, des imputations calomnieuses, voilà ce que l'opinion a vu et verra dans l'écrit de M. de Rovigo. Il a voulu justifier Napoléon; il a ignoré un fait qui décide ce qui, d'ailleurs, n'a jamais été un problème. Bonaparte lui-même s'est accusé, et a avoué qu'il avait commandé un crime (1). Comment, d'ailleurs, M. de Rovigo pouvait-il espérer d'effacer le nom de Bonaparte, inscrit au bas du fatal arrêté de l'an 12? Oui, la postérité avait jugé Bonaparte, et l'avait justement condamné. M. le duc de Rovigo était aussi jugé; toutefois il l'était moins sévèrement qu'il ne l'a été depuis sa brochure. Plaignons-le de ce qu'au lieu de pleurer en silence une victime du despotisme et de l'obéissance passive, il a mieux aimé provoquer avec éclat l'arrêt de l'opinion, qu'on n'abuse jamais, même en affectant de la braver.

---

(1) Le *Journal des Debats* du 16 novembre assure qu'il a la preuve authentique que le testament de Bonaparte existe en minute chez un notaire de Londres, et qu'il y assume en termes exprès la responsabilité exclusive de la catastrophe du duc d'Enghien.

DE L'IMPRIMERIE DE PLASSAN, RUE DE VAUGIRARD, N° 15, DERRIÈRE L'ODÉON.